Venezia

Venezia

Die besten Rezepte aus der Serenissima und dem Veneto

Herausgegeben von
Susanne Bunzel

Illustrationen von
Lucia Obi

DROEMER

Umschlaggestaltung: Agentur Zero München
Umschlagillustration: Lucia Obi
Gestaltung und Herstellung: Josef Gall, Geretsried
Reproduktion: DTP-Service
Wilhelm Vornehm, München
Technische Koordination: Nardini Editore srl,
Fiesole/Firenze, Italien
Printed in Italy
ISBN 3-426-27220-2

5 4 3 2 1

INHALT

KÜCHE ZWISCHEN MEER UND BERGEN

Venedig, la Serenissima, die »heitere und durchlauchte« Lagunenstadt, war trotz ihrer verhältnismäßig isolierten Lage seit je den verschiedensten kulturellen Einflüssen ausgesetzt, die auch in der Küche ihren Niederschlag fanden.

Erste kulinarische Spuren reichen bis in die Römerzeit zurück. Die typische *salsa*, mit der heute die groben, spaghettiartigen Bigoli angerichtet werden, basiert auf eingesalzenen Sardellen oder Sardinen, die zusammen mit Zwiebeln geschmort werden, bis sie zerfallen und eine sämige Sauce ergeben. Die Parallelen zum *garum*, einer Fischsauce, die der Römer Apicius in seiner *De re coquinaria* beschreibt, sind unverkennbar. Nach dem Untergang des weströmischen Reichs war es dann Byzanz, das in Venedig kulinarisch und auch sonst den Ton angab. Teodora Ducas, byzantinische Prinzessin und Ge-

mahlin des Dogen Domenico Silvio, machte die Venezianer im 11. Jahrhundert mit den von ihr so geliebten, aber von der Kirche sogleich verteufelten Bädern im Morgentau, mit Duftwässern und nicht zuletzt mit der Gabel und entsprechend kultivierten Tischsitten bekannt.
Mit den neuen Tafelsitten kamen auch neue Zutaten und Zubereitungen in die Stadt. Dank der engen Beziehungen zu Byzanz konnten sich Handelsrouten etablieren, und die engagierten und aufstrebenden Kaufleute Venedigs schafften es schließlich, die Konkurrenten aus dem emilianischen Comacchio aus dem Feld zu schlagen, so dass die traditionellen Handelsrouten nun durch Venedig führten. In kurzer Zeit stieg die Stadt von einem Außenposten des byzantinischen Reichs zu einem der wichtigsten und mächtigsten Handelszentren der damaligen Welt auf. War es allgemein üblich, eine Handelskarawane pro Jahr abzuwickeln, so durften in Venedig vier Karawanen jährlich die Dogana am Canal Grande passieren und ihre unvorstellbar wertvollen Güter aus dem Vorderen Orient, aus Zentralasien, Indien und dem Fernen Osten in die Stadt bringen: Gold und Silber, Seidenstoffe und Gewürze wurden in Venedig umgeschlagen und oft zum zehnfachen Preis nach Nord- und Westeuropa weiterexportiert.
Mit den Gütern kamen auch fremde Händler, Gesandte und Berater in die Stadt und machten die Venezianer mit ihren eigenen Bräuchen bekannt. Eine Verordnung erlaubte es den in der Stadt ansässigen Ausländern denn

auch, jeweils einen typischen Brauch und eine typische Eigenheit ihres Heimatlandes beizubehalten und auszuüben. Die als aufgeschlossen bekannten Venezianer ließen sich bereitwillig auf diese Neuerungen ein und ergänzten ihr Küchenrepertoire mit Nelken und Zimt aus Indien, Ingwer aus China sowie mit Spinat und Auberginen, Pinienkernen und Mandeln, Rosinen und Backobst aus der arabischen Welt. Auch neue Küchentechniken wurden positiv aufgenommen. So lernte man beispielsweise, Fisch, den man haltbar machen wollte, nur in Öl zu frittieren, weil das im Gegensatz zu Fett auch im erkalteten Zustand flüssig blieb. Von den Juden, die in Venedig als Berater, Heilkundige und Gelehrte hohes Ansehen genossen, übernahm man das langsame Schmoren von Braten und Eintöpfen, wie es die Sabbattradition erforderte.

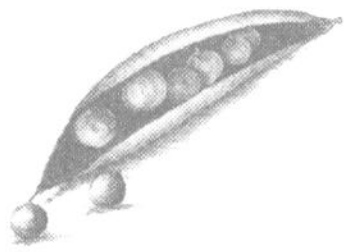

Zeugnis dieser liberalen Haltung gegenüber den verschiedensten Bevölkerungsschichten waren auch die vier großen Staatsfeste, die der Doge jedes Jahr ausrichten ließ. Am Tag des Stadtpatrons San Marco (25. April), an San Vito e Modesto (15. Juni) an San Gerolamo (30. September) und an Christi Himmelfahrt lud der Doge Patrizier, Diplomaten und Regierungsbeamte von Rang, aber auch eine Hundertschaft von einfachen Arsenalarbeitern in seinen Palazzo. Sorgsam nach ihrer sozialen Herkunft abgestuft saßen die Gäste an ihren Tischen in verschiedenen Sälen des Palasts und bekamen ein ihrem Rang entsprechendes Menü vorgesetzt. Privileg des Dogen war es, am Markustag als erster von den frischen Erbsen für den Risi e bisi zu kosten. An Himmelfahrt gab es traditionsgemäß Ente, die der Doge in einer symbolischen Geste an seine Bediensteten verschenkte.

In der Regel speiste man bei diesen Gelagen verschiedene Antipasti, Austern, Meeresfrüchte, edles Federvieh oder Fisch, wenn das Fest auf einen Fasttag fiel. Auch das Menü für die einfachen Arbeiter konnte sich sehen lassen. Spargel und Orangen gab es da, gebratenes Geflügel, Artischocken, Fenchel und Wein, der allerdings etwas derber ausfiel als der, der am Tisch des Dogen ausgeschenkt wurde. Aber das störte niemanden, denn was zählte, war das Tafeln in ausgelassener Runde.

Bei diesem einfachen »vino di casa« ist es auch heute großenteils geblieben. Es mag ein wenig überraschen, dass in einer Stadt, die auf ein Hinterland mit ausgesprochener Weinbautradition zurückgreifen kann, der Wein meist nur eine bescheidene Rolle spielt. Ein geradliniger Alltagswein scheint den Venezianern meist vollauf zu genügen. Aber dem spricht man dann mit ungebremster Begeisterung zu. Ein alter und bis heute noch lebendiger Brauch ist der sogenannte *giro di ombre*. Eine *ombra* ist ein Glas Wein, das man im Stehen am Tresen einer einfachen Kneipe trinkt. Der Name leitet sich vermutlich davon ab, dass der Wein früher von fliegenden Händlern auf dem Markusplatz verkauft wurde. Sie folgten mit ihren Karren dem Schatten (»ombra«) des Markusturms, damit der Wein kühl blieb. Eine Ombra ist niemals ein besonders edler Wein, der einem die Sprache verschlägt. Denn während man seine Ombra genießt, hält man gern ein Schwätzchen mit Freunden oder mit dem freundlichen Wirt und isst ein paar von den köstlichen Kleinigkeiten, die am Tresen aufgebaut sind. Diese *cicheti* werden meist direkt aus der Hand gegessen oder höchstenfalls auf einen Zahnstocher gespießt, Teller und Besteck gibt es nur in Ausnahmefällen. Klassische Cicheti sind Tintenfischsalat, Fleischbällchen oder gebackene Kürbisblüten, aber auch eingelegtes Gemüse oder die typischen Sardinen in süßsaurer Marinade sind oft in verlockender Frische auf großen Servierplatten angerichtet.

Diesen geselligen Brauch findet man auch im Hinterland Venedigs und den übrigen Regionen des Veneto, das sich in seiner Küchentradition sonst stark von der Stadt unterscheidet. Natürlich gibt es auch einige Parallelen wie beispielsweise bei den vielen Risottozubereitungen, doch insgesamt zeigt sich die Küche Venetiens deftiger und bodenständiger als die durch die vielen fremden Gewürze und Einflüsse veredelte Küche Venedigs.

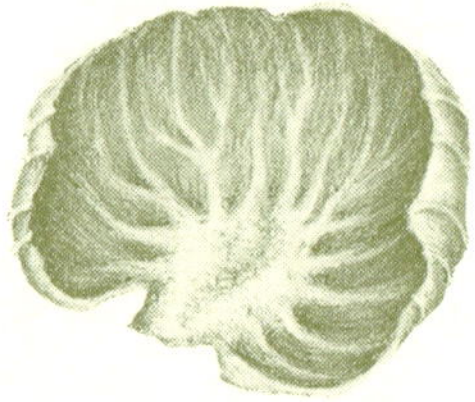

So ist beispielsweise in den Dolomiten um Belluno allein schon aufgrund des Klimas eine herzhaftere Kost angesagt. Deftige Eintöpfe bestimmen dort den Speisezettel, während in der von vielen Wasserläufen durchzogenen Marca Trevigiana viele Zubereitungen mit Süßwasserfischen und Wasservögeln zu Hause sind. In Verona liebt man geschmortes Pferdefleisch, in den waldreichen Gegenden schmackhafte Wildgerichte. Chioggia und Treviso sind für ihren Radicchio berühmt, der in vielerlei Rezepten Verwendung findet.
Seit dem 16. und 17. Jahrhundert spielt auch der Anbau von Reis und Mais eine große Rolle. Leider drängten sie die ebenso vielfältigen wie nahrhaften Hülsenfrüchte,

die früher den Grundstock der bäuerlichen Ernährung bildeten, fast vollständig zurück. Erst jetzt, da man den Wert dieser heimischen Sorten erkannt hat, feiern sie ihr Comeback. Die Lamonbohnen für Pasta e fagioli oder Riso e fagioli haben wieder einen festen Platz auf dem Speisezettel Venetiens.
Einen Einblick in diese kulinarische Vielfalt erhalten Sie auf den folgenden Seiten dieses Büchleins. Der Bogen spannt sich von den Cicheti, die Sie daheim als Aperitifhäppchen oder Antipasti servieren können, über die bodenständigen Alltagsgerichte und Pastaspezialitäten bis hin zu einem köstlich aufwendigen Menü im Dogenpalast. Ob Sie die Menüvorschläge nachkochen oder neu nach Ihren eigenen Vorstellungen zusammenstellen, die Rezepte aus der Serenissima und dem Veneto laden Sie ein zum Genießen!

REZEPTE

Die Rezepte sind, falls nicht anders angegeben, für 4 Personen berechnet.

Cicheti
Venezianische Leckereien zum Aperitif

Cipolline in agrodolce
Süßsauer eingelegte Zwiebelchen

Zutaten: 500 g Perlzwiebeln, Salz,
50 g Sultaninen, 50 ml trockener Marsala,
4 EL Öl, 2 EL Zucker, 1 EL Rotweinessig

Die Zwiebeln am Wurzelende kreuzweise einritzen, kurz in sprudelndem Salzwasser blanchieren und abgießen. Kalt abbrausen und schälen.
In der Zwischenzeit die Sultaninen in Marsala quellen lassen.
Das Öl in einer weiten Pfanne erhitzen und die Zwiebelchen hineingeben. Unter Wenden Farbe nehmen lassen. Eine Prise Salz, Zucker und Essig einrühren. Nach etwa 20 Minuten die abgetropften Sultaninen hinzufügen.
Zwiebelchen in diesem Sud nun ganz leise etwa eine Stunde schmoren lassen, bis sie weich sind und die Sauce eine karamellartige Konsistenz erhält. Vom Herd nehmen und vor dem Servieren auf Zimmertemperatur abkühlen lassen.

Fiori di zucca fritti
Gebratene Kürbisblüten

Zutaten: 16 Kürbisblüten, 100 g zerriebene Amaretto-Makronen, 160 g Ricotta, 1 Ei, Salz, Butter zum Braten

Die Kürbisblüten putzen. Den Stielansatz und die Blütennarben sowie das fleischige Innenleben entfernen. Vorsichtig abbrausen und mit Küchenkrepp trockentupfen. Amaretto-Makronen mit Ricotta und Ei zu einer glatten Füllmasse verarbeiten und salzen. Die Blüten vorsichtig damit füllen. In Butter braten und heiß servieren.

Funghi porcini in insalata
Steinpilzsalat

Zutaten: 1 kg Pilze, 4 EL Olivenöl, 3–4 Knoblauchzehen, Salz und Pfeffer, guter Weinessig, Saft einer halben Zitrone, 1 Bund Petersilie

Pilze mit einem feuchten Tuch abreiben und unschöne Stellen mit einem scharfen Küchenmesser entfernen. Die Pilze je nach Größe halbieren oder in feine, aber nicht zu dünne Scheiben schneiden.
Öl in einer Pfanne erhitzen. Knoblauch fein hacken und im heißen Öl anglasen.
Die Pilze dazugeben und bei kräftiger Hitze dünsten und Saft ziehen lassen. Wenn die Flüssigkeit fast vollständig verdunstet ist, salzen und pfeffern und mit ein paar Spritzern Essig ablöschen.
Pilze vom Herd nehmen und in eine Schüssel umfüllen. Mit Zitronensaft, einem Spritzer gutem Weinessig, Salz und Pfeffer würzen. Die Petersilie fein hacken und untermischen. Pilze vor dem Servieren erkalten und einige Stunden durchziehen lassen.

Radicchio marinato
Radicchio in Wacholdermarinade

Zutaten: 2 l Wasser, 300 ml Essig, 60 g Zucker, 1 TL Wacholderbeeren, 1 TL Pfefferkörner, 6 Radicchio, 1 kleines Bund Petersilie, Salz, 100 ml Olivenöl

Wasser mit Essig, Zucker, der Hälfte der Wacholderbeeren und der Hälfte der Pfefferkörner zum Kochen bringen.
Radicchio putzen. Unter fließendem Wasser waschen und abtropfen lassen. Dann 10 Minuten im Essigwasser kochen.
Mit einem Sieblöffel herausheben, abtropfen und abkühlen lassen. Der Länge nach halbieren und in eine Schale schichten.
Die restlichen Wacholderbeeren und Pfefferkörner grob zerstoßen und über dem Radicchio verteilen. Die Petersilienblättchen grob zerzupfen und über den Radicchio streuen.
Salzen, mit Olivenöl übergießen und vorsichtig durchmischen. Vor dem Servieren kühl stellen und mehrere Stunden durchziehen lassen.

Baccalà mantecato
Stockfischcreme mit Kartoffeln

Zutaten: 500 g küchenfertiger Stockfisch,
2 vorwiegend mehlig kochende Kartoffeln,
50–75 ml Olivenöl, Saft einer Zitrone,
2 gehackte Knoblauchzehen,
2–3 EL gehackte Petersilie,
Salz und Pfeffer

Den gewässerten Stockfisch 15 Minuten in Wasser garen.
Die Kartoffeln ohne Schale weich kochen.
Den Fisch abgießen, häuten, entgräten und in kleine Stücke schneiden. Die Kartoffeln ebenfalls abgießen und klein würfeln.
Fisch- und Kartoffelstückchen in eine Schüssel geben.
Olivenöl mit Zitronensaft, Knoblauch und Petersilie verrühren. Mit Pfeffer abschmecken. Diese Sauce zu Fisch und Kartoffeln geben und energisch einrühren, bis die Masse eine cremige Konsistenz annimmt (eventuell etwas mehr Olivenöl dazugeben). Mit Weißbrot servieren.

Folpeti
Salat von kleinen Tintenfischen

Zutaten: 500 g kleine frische, küchenfertige Tintenfische, 1 Maizwiebel, 1 EL milder Weißweinessig, 2–3 EL Olivenöl, 2 EL gehackte Petersilie, Salz und Pfeffer

Tintenfische kurz unter fließendem Wasser abbrausen und abtropfen lassen. Größere Exemplare eventuell in Ringe schneiden. Die Zwiebel fein hacken und mit den Tintenfischen in eine Schüssel geben und sorgfältig vermischen. Mit Petersilie, Essig und Öl, Salz und Pfeffer würzen und kurz durchziehen lassen.

Pesce incovercià
Fisch in säuerlicher Marinade

Zutaten: 400 g Filet von einem einfachen Speisefisch (Sardinen o.ä.), 100 ml Olivenöl, 100 ml Essig, 200 ml trockener Weißwein, 2 Knoblauchzehen, Salz und schwarzer Pfeffer aus der Mühle, 1 Bund Petersilie

Fischfilets kurz abbrausen und trockentupfen.
Für die Marinade 2 Esslöffel Olivenöl mit dem Essig und 100 ml Wein verrühren.
Eine Knoblauchzehe fein hacken und untermengen. Großzügig aus der Mühle pfeffern.
Die Fischfilets in eine Form aus Keramik, Glas oder Porzellan schichten. Jede Schicht mit ein paar Esslöffeln Marinade beträufeln.
Abdecken und 2 Stunden ziehen lassen.
Die Filets aus der Marinade heben, mit Olivenöl bepinseln und unter dem Backofengrill etwa 3 Minuten pro Seite braten. Die gegarten Filets in eine feuerfeste Form legen und salzen. Die zweite Knoblauchzehe in hauchdünne Scheiben schneiden, die Petersilie fein hacken und beides über die Filets geben. Den restlichen Weißwein hinzugießen und einkochen lassen.
Die Fische nun mit dem übrigen Olivenöl benetzen und ruhen lassen. Zimmerwarm oder leicht temperiert servieren.

Sarde in saòr
Sardinen auf venezianische Art

Zutaten: 2 EL Rosinen, 500 ml trockener Weißwein, 1 kg frische Sardinen, Mehl zum Wenden, Öl zum Braten, Salz, 4 Zwiebeln, 3 EL Olivenöl, 2 EL Pinienkerne, 1 TL Pfefferkörner, 500 ml Essig

Die Rosinen in ein wenig Weißwein einweichen.
Sardinen säubern und filetieren (sehr kleine Sardinen können Sie auch ganz lassen).
Im Mehl wenden, überschüssiges Mehl abklopfen; die Fische dann im heißen Öl goldbraun braten. Salzen, aus der Pfanne heben und auf Küchenkrepp abtropfen lassen.
Die Zwiebeln schälen und in feine Ringe hobeln. In einer Pfanne das Olivenöl und 100 ml Weißwein sanft erwärmen. Die fein gehobelten Zwiebeln bei milder Hitze darin weich dünsten. Pinienkerne, Pfefferkörner und die eingeweichten Rosinen hinzugeben. Essig und den restlichen Wein aufgießen und zum Kochen bringen. Den Sud salzen und einige Minuten durchköcheln lassen. Vom Herd nehmen und etwas abkühlen lassen.
Die Hälfte der Fische in eine Glas- oder Porzellanschüssel legen. Mit der Hälfte der Marinade übergießen. Die zweite Hälfte der Sardinen einschichten und mit der restlichen Marinade bedecken.
Die Fische kühl stellen und vor dem Servieren 2 Tage durchziehen lassen.

Polpette di carne
Fleischbällchen

Zutaten: 1 altbackenes Brötchen, 100 ml Milch, 600 g Hackfleisch oder Bratenreste, 1–2 Eier, 2–3 EL geriebener Parmesan, eventuell Semmelbrösel, 2 EL gehackte Petersilie, Salz und Pfeffer, Mehl zum Wenden, Öl zum Braten

Das Brötchen in Milch einweichen. In der Zwischenzeit das Fleisch entweder durch den Fleischwolf drehen oder mit dem Wiegemesser zerkleinern.
Das Brötchen abtropfen lassen und in die Fleischmasse einarbeiten. Die Masse mit Ei und Parmesan binden, eventuell ein paar Semmelbrösel unterheben. Mit Petersilie, Salz und Pfeffer abschmecken.
Die Fleischmasse zu etwa walnussgroßen Bällchen formen. In Mehl wenden und in heißem Öl knusprig braten. Warm oder kalt servieren.

Die schnelle Pasta

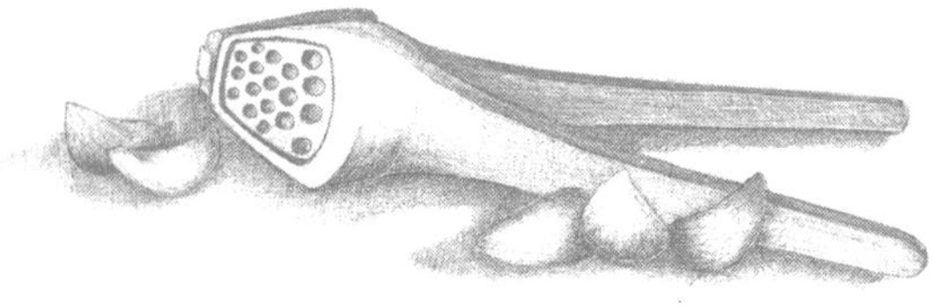

Agnolotti di Esemon
Süßsaure Nudeltäschchen nach der Art von Esemon

Zutaten:
Für den Teig: 500 g Mehl, Salz
Für die Füllung: 600 g Kartoffeln, 200 g Birnen, 200 g geputzter feinstieliger Mangold (ersatzweise Blattspinat), 4 EL gehackte Petersilie, ½ EL frische gehackte Majoranblättchen, die gehackten Blättchen von 1 Thymianzweig, ein paar gehackte Minzeblättchen, je 1 Prise Zimt- und Nelkenpulver, 1 TL Zucker, 100 g frische Ricotta oder möglichst trockener Quark (eventuell einige Stunden in ein Sieb setzen und abtropfen lassen), 3–4 EL Semmelbrösel
Außerdem: zerlassene Butter und geriebener Parmesan zum Servieren

Kartoffeln mit der Schale weich kochen. In der Zwischenzeit einen Nudelteig zubereiten. Dazu das Mehl zu einem Kegel aufschütten. Eine Prise Salz und esslöffelweise warmes Wasser einarbeiten, bis ein glatter Teig entsteht. Rund 10 Minuten energisch durchkneten. Dann zu einer Kugel rollen, abdecken und ruhen lassen, während Sie die Füllung zubereiten.

Kartoffeln abgießen, schälen und noch heiß durch ein Kartoffeleisen pressen. Birnen schälen, entkernen und fein reiben. Mangold oder Spinat putzen und mit dem Wasser, das vom Waschen noch an den Blättern haftet, in einen Topf geben und zusammenfallen lassen. Abtropfen lassen, mit den Händen den letzten Rest Feuchtigkeit herauspressen und grob hacken.

Kartoffeln, Birnen und Mangold mit den Kräutern und sämtlichen Gewürzen vermischen. Ricotta einarbeiten. Zum Schluss die Masse mit Semmelbröseln binden und salzen.

Den Nudelteig portionsweise ausrollen (den Rest abdecken und feucht halten).

Mit einem Wasserglas oder einem Keksförmchen Kreise von 7–8 Zentimeter Durchmesser ausstechen. Die Füllmasse in kleinen Portionen auf diese Teigkreise setzen. Teig zu halbmondförmigen Täschchen zusammenklappen und an den Rändern gut festdrücken.

Die ausgeformten Agnolotti auf ein bemehltes Backblech setzen und mit Küchentüchern abdecken, damit sie nicht austrocknen.

Agnolotti in sanft sprudelndem Salzwasser al dente garen. Abtropfen lassen und mit zerlassener Butter und geriebenem Parmesan servieren.

Bigoli con acciughe fresche
Bigoli mit frischen Sardellen

Zutaten: 350 g Bigoli (ersatzweise Spaghetti oder Trenette), 1 EL Olivenöl, 2 EL Butter, 8 frische Sardellenfilets, 100 ml Tomatenpüree, 50 ml trockener Weißwein, Salz und Pfeffer aus der Mühle, frisch gehackte Petersilie

Die Pasta in reichlich sprudelndem Salzwasser al dente garen, dabei immer wieder umrühren. Eine Kelle Kochwasser abschöpfen und beiseite stellen.
Während die Pasta kocht, Olivenöl und Butter in einer Pfanne sanft erwärmen.
Die Sardellenfilets hineinsetzen und leise anbraten. Tomatenpüree, Weißwein, Salz und Pfeffer einrühren und heiß werden lassen. 3–4 Minuten durchköcheln, dann vom Herd nehmen. Wenn die Sauce zu trocken wird, etwas Nudelwasser einrühren.
Bigoli abgießen und mit der Sardellensauce anrichten. Mit frisch gehackter Petersilie servieren.

Bigoli con salsa
Bigoli mit Sardinen

Zutaten: 2 Zwiebeln, 4 EL Olivenöl, 4 gesalzene Sardinen oder Sardellen, 400 g Bigoli (ersatzweise Spaghetti oder Trenette), Salz und Pfeffer aus der Mühle, gehackte Petersilie zum Garnieren

Zwiebeln in feine Ringe hobeln und in 2 Esslöffeln Olivenöl sanft weich dünsten, ohne zu bräunen.
Fische entsalzen, filetieren und in kleine Stücke schneiden. Zu den angeglasten Zwiebeln geben und mitdünsten, bis sie völlig zerfallen.
Die Pasta in reichlich Salzwasser al dente kochen; abgießen und mit der Fischsauce anrichten. Jede Portion mit Olivenöl beträufeln und großzügig pfeffern. Mit gehackter Petersilie bestreuen und zu Tisch bringen.

Fettuccine con lo scorzone dei Berici
Fettuccine mit Berici-Trüffel

Zutaten: 400 g Fettuccine (oder andere Bandnudeln, z.B. Tagliatelle), 75 g zerlassene Butter, 60 g geriebener Parmesan, weißer Pfeffer aus der Mühle, 1 frische Trüffel (aus den Colli Berici in Venetien oder eine andere Trüffelsorte)

Die Pasta in reichlich sprudelndem Salzwasser al dente garen. Abgießen und in eine vorgewärmte Servierschüssel füllen. Sofort mit der zerlassenen Butter und der Hälfte des Parmesans überziehen. Großzügig pfeffern und gut durchmischen.
Die Trüffel mit einem Trüffelhobel über die Nudeln raspeln oder hauchfein aufschneiden und über die Nudeln streuen.
Mit dem restlichen Parmesan bestreuen und zu Tisch bringen.

Pasta con sugo di piselli
Pasta mit Erbsensauce

Zutaten: 800 g frische Erbsen (Gewicht mit Hülsen), 1 gehackte Zwiebel, 1 gehackter Selleriestängel, 4 EL Olivenöl, 4 gewürfelte Fleischtomaten, Salz und Pfeffer, 400 g Farfalle (oder andere kurze Pasta, z.B. Conchigliette)

Die Erbsen auspahlen und beiseite stellen. Zwiebel und Sellerie in Olivenöl andünsten. Die Erbsen hinzufügen und kurz anschwitzen, bis sie rundum glänzen. Die Tomatenstückchen dazugeben und heiß werden lassen. Die Sauce etwa 15 Minuten auf kleiner Flamme köcheln lassen, bis die Erbsen weich sind, aber noch leuchtend grün aussehen. Salzen und pfeffern.
Die Pasta in reichlich sprudelndem Salzwasser al dente garen. Abgießen und mit der Erbsensauce anrichten.

Pasta e fagioli
Bohnensuppe mit Pasta

Zutaten: 250 g getrocknete Bohnenkerne (z.B. die Lamonbohnen aus Venetien), Suppengemüse (1 Knoblauchzehe, 1 Mohrrübe, 1 Selleriestängel), 1 EL Olivenöl, 1 EL Butter, 1 l Gemüsebrühe oder leichte Hühnerbrühe, 3–4 frische Thymianzweige, 100 g kurze Pasta (z.B. Mezze Penne, Conchigliette, Hörnchennudeln), Salz und Pfeffer aus der Mühle, Olivenöl und geriebener Parmesan zum Servieren

Die Bohnenkerne verlesen und 6 Stunden oder über Nacht in kaltem Wasser einweichen.
Das Suppengemüse putzen und fein würfeln. Olivenöl und Butter in einem großen Topf erhitzen und das Gemüsehack einige Minuten darin andünsten. Salzen und pfeffern.

Die Bohnen abgießen und in den Topf schütten. Mit der Brühe übergießen.
Mit Wasser ergänzen, bis die Bohnen etwa 2 Fingerbreit mit Flüssigkeit bedeckt sind.
Die Thymianzweige hinzufügen, und das Ganze zum Kochen bringen. Die Bohnen sanft sprudelnd weich garen.

In der Zwischenzeit die Pasta al dente kochen, abgießen und abtropfen lassen. Sobald die Bohnen gar sind, ein Viertel davon herausheben und beiseite stellen. Die restlichen Bohnen in der Suppe pürieren. Die ganzen Bohnen in das Bohnenpüree rühren. Kräftig mit Salz und frisch gemahlenem Pfeffer abschmecken.
Die Pasta auf Suppenschalen verteilen und mit der heißen Bohnensuppe auffüllen.
Nach Wunsch bei Tisch mit einem Schuss hochwertigem Olivenöl verfeinern und mit geriebenem Parmesan bestreuen.

Rigatoni con erbe e ricotta

Rigatoni in Kräuter-Ricotta-Sauce

Zutaten: 2 EL Olivenöl, 1 gehackte Zwiebel, 400 g Ricotta, 4 EL frisch gehackte Petersilie, 4 EL frisch gehacktes Basilikum, 2 EL frisch gehackter Schnittlauch, 4 EL geriebener Parmesan, 400 g Rigatoni, Salz und Pfeffer

Das Öl in einem Topf erwärmen. Die Zwiebel darin weich dünsten, dann Ricotta, Kräuter und Parmesan hinzufügen und langsam schmelzen lassen. Mit wenig Salz und etwas mehr Pfeffer kräftig abschmecken.
In der Zwischenzeit die Rigatoni in reichlich sprudelndem Salzwasser al dente garen. Eine Kelle Nudelwasser abschöpfen und beiseite stellen.
Die Nudeln abgießen und in eine vorgewärmte Servierschüssel füllen.
Die Ricottamischung nach Bedarf mit etwas Nudelwasser verflüssigen. Ricottasauce über die heiße Pasta geben, gut durchmischen und servieren.

Spaghetti ai fegatini di pollo
Spaghetti mit Hühnerleber

Zutaten: 200 g Hühnerleber, 1 Selleriestängel, 1 Knoblauchzehe, 2 EL Butter, 250 ml Tomatenpüree, 1 TL frischer Thymian, Salz und Pfeffer aus der Mühle, 400 g Spaghetti, geriebener Parmesan zum Servieren

Hühnerleber, Sellerie und Knoblauch putzen und sehr fein hacken. Das Gemisch in heißer Butter anbraten. Das Tomatenpüree hinzufügen und mit Thymian,
Salz und Pfeffer würzen. Heiß werden und etwa 5 Minuten durchköcheln lassen.
Einen großen Topf Wasser zum Kochen bringen und salzen. Die Spaghetti hineingleiten lassen und al dente garen.
Ab und zu umrühren.
Spaghetti abgießen, in eine Schüssel füllen und mit der Sauce vermischen. Mit geriebenem Parmesan servieren.

Spaghetti ai frutti di mare
Spaghetti mit Meeresfrüchten

Zutaten: 1 kg gemischte Muscheln, 2–3 EL Butter, 1 fein gehackte Schalotte, 1 fein gewürfelter Selleriestängel, 200 ml trockener Weißwein, 100 g Jakobsmuschelfleisch, 250 g geschälte Garnelen, 400 g Spaghetti, Salz und Pfeffer aus der Mühle, gehackte Petersilie zum Garnieren

Die Muscheln sorgfältig putzen und verlesen. Geöffnete Muscheln wegwerfen.
Einen Esslöffel Butter in einem großen Topf zerlassen. Schalotte und Sellerie sanft darin andünsten, salzen und pfeffern.
Die geputzten Muscheln hinzufügen und mit Weißwein übergießen. Topf verschließen und Muscheln garen, bis sie sich geöffnet haben (rund 5 Minuten). Während des Garens den Topf mehrmals rütteln. Muscheln mit einem Sieblöffel herausfischen (ungeöffnete Muscheln wegwerfen). Den Sud durch ein Sieb gießen und aufheben.

Etwas Butter in einer Pfanne erhitzen. Jakobsmuscheln und Garnelen kurz darin sautieren, bis ihr Fleisch milchig-weiß anläuft.

Während Sie die Meeresfrüchte zubereiten, einen Topf Wasser zum Kochen bringen und salzen. Die Spaghetti dann ins sprudelnde Wasser gleiten lassen und al dente garen.
Spaghetti abgießen und in eine Schüssel füllen. Mit den vorbereiteten Meeresfrüchten vermischen. Abschmecken und nach Wunsch etwas Muschelsud angießen.
Mit Petersilie bestreuen und servieren.

Spaghetti con gli scampi in busera
Spaghetti mit Scampi-Tomaten-Sauce

Zutaten: 4 Scampi, 2 Knoblauchzehen, 1 EL Petersilie, 4 EL Olivenöl, 1–2 EL Semmelbrösel, 1 Lorbeerblatt, 100 ml trockener Weißwein, 4 EL Tomatenpüree, 400 g Spaghetti, Salz

Scampi den Rücken entlang der Länge nach aufschlitzen und den Darm entfernen, Scampi aber nicht schälen. Knoblauch und Petersilie fein hacken und in Olivenöl andünsten. Je nach gewünschter Konsistenz 1–2 Esslöffel Semmelbrösel einstreuen, mit Salz und Lorbeerblatt würzen.
Die Scampi hineingeben und rasch rosa braten. Mit einem Spritzer Weißwein ablöschen und aus der Pfanne heben. Beiseite stellen. Den restlichen Wein und das Tomatenpüree in die Pfanne rühren und einkochen lassen, bis die Sauce schön sämig wird. Abschmecken und die Scampi wieder hineinsetzen und heiß werden lassen. Während Sie die Sauce zubereiten, die Spaghetti al dente garen. Abgießen, auf Teller verteilen und mit der Sauce anrichten.
Die Scampi dekorativ obenauf setzen.

Spaghetti con le zucchine

Spaghetti mit bunten Zucchini

Zutaten: 2 EL grob gehackte Pinienkerne, 3 EL Olivenöl, 1 gehackte Zwiebel, 2 gehackte Knoblauchzehen, 500 g fein gewürfelte grüne und goldgelbe Zucchini, 1 EL Balsamessig, 1 Büschel grob gehackte Basilikumblätter, 400 g Spaghetti, Salz und Pfeffer

Die Pinienkerne ohne Fett in einem Pfännchen goldbraun rösten.
Vom Herd nehmen und abkühlen lassen.
Das Olivenöl in einer Pfanne erwärmen. Zwiebel und Knoblauch bei sanfter Hitze darin glasig dünsten. Die Zucchini hinzufügen, kräftig salzen und pfeffern. 5 Minuten pfannenrühren. Den Balsamessig und einen Esslöffel Wasser hinzufügen. Die Zucchini abdecken und in ungefähr 10 Minuten weich schmoren. Zum Schluss das Basilikum unterheben und zusammenfallen lassen.
Während die Zucchini garen, die Spaghetti in sprudelndem Salzwasser knapp al dente kochen. Abgießen und in die Zucchinipfanne geben. Kurz darin schwenken und sorgfältig mit dem Gemüse vermischen.
Auf Teller verteilen und mit den gerösteten Pinienkernen bestreuen.

Tagliatelle con grappa
Tagliatelle in Grappasahne

Zutaten: 25 g getrocknete Steinpilze, 1 kleine Mohrrübe, 2 Selleriestängel, 1 Zwiebel, 1 Knoblauchzehe, 1 EL Butter, 1 EL Olivenöl, 4 EL Grappa, 100 ml Gemüsebrühe, 400 g Tagliatelle, 1 TL Speisestärke, 100 g Sahne, 50 g geriebener Parmesan, Salz und Pfeffer aus der Mühle

Die Steinpilze mit kochendem Wasser überbrühen und 20–30 Minuten einweichen. In der Zwischenzeit Mohrrübe, Sellerie, Zwiebel und Knoblauch fein hacken. Pilze aus dem Wasser heben, gut ausdrücken, abtrocknen und fein hacken. Das Pilzwasser durch ein feines Sieb gießen und beiseite stellen. Butter und Öl in einem Topf erhitzen. Das Hack aus Gemüse und Pilzen einige Minuten darin andünsten. Leicht salzen und pfeffern und mit Grappa ablöschen. Brühe und 100 ml Steinpilzwasser angießen. Das Gemüse auf kleiner Flamme 10–15 Minuten durchköcheln lassen.
Inzwischen einen Topf Wasser zum Kochen bringen, salzen und die Tagliatelle darin al dente garen. Ab und zu umrühren, damit die Nudeln nicht verkleben.
Die Speisestärke in einem Esslöffel warmem Wasser glatt rühren und die Sauce damit binden. Sahne und den Parmesan in die Sauce rühren, salzen und pfeffern. Unter regelmäßigem Rühren 5 Minuten eindicken lassen. Die Tagliatelle abgießen und mit der Grappasauce anrichten.

Tagliolini alla veneta
Tagliolini mit Tintenfischschwärze

Zutaten: 4 Tintenfische à ca. 100 g, 1 kleine Zwiebel, 1 Knoblauchzehe, 1 Bund gehackte Petersilie, 2 EL Olivenöl, 50 ml trockener Weißwein, 400 g schmale Bandnudeln, Salz und Pfeffer

Tintenfische putzen. Die gefleckte Haut abziehen, den Kopf abtrennen; vorsichtig den Tintenbeutel herauslösen und die Tinte in einer Schüssel auffangen. Mit einer Drehbewegung den durchsichtigen Knochen in der Mitte herausziehen. Tintenfische unter fließendem Wasser abwaschen und trockentupfen. In mundgerechte Stückchen schneiden und beiseite stellen.
Zwiebel und Knoblauch fein hacken und zusammen mit einem Esslöffel Petersilie in Olivenöl andünsten. Den klein geschnittenen Tintenfisch hinzufügen und kurz mitdünsten. Mit Weißwein ablöschen, einkochen lassen und vom Herd nehmen. Etwas abkühlen lassen, dann mit Tinte einfärben. Dabei nicht zu viel Schwärze verwenden, sonst wird die Sauce so dick wie Teer. Mit Salz und Pfeffer abschmecken. Die Nudeln in Salzwasser al dente kochen. Abgießen und wieder in den Topf zurückgeben. Mit der Sauce verrühren und die Nudeln gleichmäßig einfärben, bis sie in etwa rauchgrau aussehen. Auf Teller verteilen und mit der restlichen Petersilie garnieren.

Köstliches für jeden Tag

Frittata alle erbe
Frittata mit frischen Kräutern

Zutaten: je 1 Hand voll Basilikum, Bohnenkraut, Eisenkraut, Minze, Petersilie und Zitronenmelisse, 50 g Butter, 100 ml Vinsanto, 50 g feine Semmelbrösel, 8 Eier, Salz und Pfeffer, 1 Msp. Piment

Die Kräuter waschen, trocken schütteln und fein hacken. In etwas Butter sanft andünsten.
Das Backrohr auf 180 Grad vorheizen.
In der Zwischenzeit den Vinsanto mit den Semmelbröseln zu einer Creme verkochen. Vom Herd nehmen und abkühlen lassen.
Die Eier in eine Schüssel schlagen und mit der Vinsanto-Creme, Salz und Pfeffer sowie Piment verquirlen.
Die Kräuter unterheben.

Die restliche Butter in einer ofenfesten Pfanne oder Auflaufform erhitzen.
Die Eimasse in die Pfanne gießen und setzen lassen. Etwa 2 Minuten auf dem Herd anbraten, bis die Ränder beginnen, fest zu werden. Ins heiße Rohr schieben und in ungefähr 35 Minuten goldbraun backen. Frittata heiß oder temperiert servieren.

Frittata con asparagi
Spargelfrittata

Zutaten: 1 kg grüner Spargel, 6–8 Eier, 4 EL geriebener Pecorino, 4 EL gehackte Petersilie, 4 EL Olivenöl, Salz und Pfeffer

Spargel putzen, die unteren Enden an ihrer natürlichen Bruchstelle abknipsen, dicke Stangen schälen. Die Spitzen abtrennen und beiseite stellen. Die Stangen in mundgerechte Stücke schneiden, 3 Minuten in sprudelndem Salzwasser blanchieren, abgießen und unter kaltem Wasser abschrecken. Gut abtropfen lassen.
Inzwischen die Eier verquirlen. Pecorino und Petersilie hinzufügen, salzen und pfeffern. Nun auch den gut abgetropften Spargel unterheben (eventuell mit Küchenkrepp trockentupfen, damit die Frittata nicht verwässert).
Backrohr auf 180 Grad vorheizen.
Olivenöl in einer ofenfesten Pfanne oder Auflaufform erhitzen. Die Eimasse ins sehr heiße Öl gießen, damit sie sich sofort setzen kann. Etwa 2 Minuten auf dem Herd anbraten, bis die Ränder beginnen, fest zu werden. Die Frittata ins heiße Rohr schieben und in 45 Minuten goldbraun backen. Heiß oder zimmerwarm servieren.

Fusilli al radicchio
Pasta-Auflauf mit Radicchio

Zutaten:
Für die Sauce: 1 kleine Mohrrübe, 1 kleine Zwiebel, 1 Knoblauchzehe, 50 g Parmaschinken, 2 EL Olivenöl, 150 g Putenschnitzel (vom Metzger durchdrehen lassen), 100 ml trockener Rotwein, 150 g Tomatenpüree, 1 TL Tomatenmark, nach Wunsch 250 ml Brühe, 100 g Sahne, Salz und Pfeffer
Zum Überbacken: 4 kleine Radicchioköpfe, 2 EL Olivenöl, 1 Knoblauchzehe, 100 g helle, 100 g rote und 200 g grüne Fusilli (kurze Spiralnudeln; ersatzweise kurze Röhrennudeln), 6 EL geriebener Parmesan, Butter für die Form

Für die Sauce Mohrrübe, Zwiebel, Knoblauch und Schinken fein hacken und unter gelegentlichem Wenden leise in Olivenöl andünsten. Nach knapp 10 Minuten das Putenhack hinzufügen und krümelig braten. Mit dem Wein ablöschen, dann das Tomatenpüree hinzugießen. Das Tomatenmark mit einem Esslöffel Wasser oder Brühe glatt rühren und ebenfalls dazugeben. Die Sauce einmal aufkochen lassen, dann auf kleiner Flamme eine gute Stunde köcheln lassen. Dabei immer wieder etwas Brühe oder Wasser angießen, damit sie nicht zu sehr aus-

trocknet. Kurz vor Ende der Garzeit die Sahne einrühren und herzhaft abschmecken. Während die Sauce köchelt, den Radicchio putzen und in feine Steifen schneiden. Das Olivenöl in einer Pfanne erhitzen. Die geschälte, ganze Knoblauchzehe und die Radicchiostreifen hineingeben und 5-6 Minuten dünsten. Ab und zu umrühren. Vom Herd ziehen und abkühlen lassen. Knoblauch wieder entfernen.
Die Pasta in sprudelndem Salzwasser knapp al dente garen. Abgießen und in eine Schüssel geben. Mit der Sauce, den Radicchiostreifen und der Hälfte des Parmesans vermischen. In eine gebutterte Auflaufform füllen und mit dem restlichen Käse bestreuen. Im 200 Grad heißen Backrohr rund 15 Minuten überbacken. Vor dem Servieren einige Minuten ruhen lassen.

Gnocchi di polenta
Polentaklößchen

Zutaten: 500 g weißes oder gelbes Polentamehl, Salz, 200 g geklärte Butter, 100 g Parmesanraspel, 1 Bund Salbei, 1½ TL Zimt

Nach der Packungsanleitung eine möglichst feste Polenta zubereiten. Den Maisbrei dann in einer dicken Schicht auf ein Backblech mit hohem Rand streichen und erkalten lassen.
Backherd auf 180 Grad vorheizen.
Aus der Polenta mit zwei Teelöffeln kleine Klößchen abstechen und in eine Auflaufform setzen. Die Gnocchi mit der Hälfte der geklärten Butter übergießen und mit ein paar Parmesanraspeln bestreuen. Im vorgeheizten Backrohr rund 20 Minuten überbacken.
Inzwischen den Salbei fein hacken und in der restlichen Butter ziehen lassen.
Die Gnocchi aus dem Rohr holen, mit der Salbeibutter übergießen. Mit einem Hauch Zimt überpudern und mit dem übrigen Parmesan servieren.

Passato di fagioli con radicchio e polenta
Bohnenpüree mit Radicchio und Polenta

Zutaten: 250 g getrocknete Bohnenkerne, 1 Kartoffel, 1 Knoblauchzehe, 1 Mohrrübe, 8 EL Olivenöl, 400 g Radicchio, 500 g Polentamehl, 2 EL Rotweinessig, Salz und Pfeffer

Die Bohnen über Nacht in kaltem Wasser einweichen. Abgießen und in einen Topf schütten. 2 Fingerbreit mit frischem Wasser bedecken und zum Kochen bringen. In rund 90 Minuten sanft sprudelnd weich garen. Nach 70 Minuten die Kartoffel schälen, zerkleinern und mit den Bohnen sehr weich kochen. Eine Tasse Kochwasser abschöpfen und beiseite stellen. Inzwischen Knoblauch und Mohrrübe putzen, fein hacken und in 4 Esslöffeln Öl andünsten.

Die Bohnen und die Kartoffel abgießen. Die Kartoffel und die Hälfte der Bohnen pürieren. Dieses Püree sowie die ganzen Bohnen zu Knoblauch und Mohrrübe geben und das beiseite gestellte Bohnenwasser dazugießen. Mit Salz und Pfeffer herzhaft abschmecken und auf sehr kleiner Flamme 10 Minuten durchköcheln.

Vom Herd nehmen und einige Stunden durchziehen lassen.
Den Radicchio putzen und beiseite stellen.
Für die Polenta 1¾ Liter Wasser (eventuell nach Packungsanleitung dosieren) zum Kochen bringen und salzen. Das Polentamehl hineinrieseln lassen und unter ständigem Rühren in etwa 45 Minuten zur gewünschten Konsistenz eindicken lassen.
Polenta auf eine Servierplatte häufen.
Radicchio mit Öl, Essig, Salz und Pfeffer anmachen. Mit Polenta und Bohnenpüree servieren.

Rodoeti de puina
Crêpes mit Ricotta-Speck-Füllung

Zutaten:
Für die Crêpes: 2 Eier, 125 g Mehl, 1 EL Olivenöl, Butter zum Braten
Für die Tomatensauce: 800 g reife Eiertomaten (oder die entsprechende Menge Dosentomaten), 1 kleine Zwiebel, 2 EL Olivenöl, 4 Basilikumblätter, 1 Schuss Weißwein
Für die Füllung: 300 g Ricotta, 50 g Schinkenspeck, 350 g Fontina, 150 g geriebener Parmesan, 1 Eigelb, 1 Prise frisch geriebener Muskat, Salz und Pfeffer

Für den Crêpeteig die Eier in eine Schüssel schlagen und salzen. Mit einem Schneebesen das Mehl, 150 ml Wasser und das Öl unterrühren und darauf achten, dass sich keine Klümpchen bilden.
Etwas Butter in einer kleinen Pfanne erhitzen und ein Viertel des Teiges hineingießen. Den Teig setzen lassen und auf beiden Seiten goldgelb backen. Die Crêpes sollen sehr dick werden. Backen Sie die Crêpes bei mäßiger Hitze, sonst verbrennen sie außen, bevor sie innen durchbacken. Nach und nach die Crêpes ausbacken und auf einen Teller stapeln.
Für die Tomatensauce die frischen Tomaten häuten, entkernen und fein würfeln, Dosentomaten abtropfen lassen und mit einer Gabel zerstoßen. Zwiebel fein hacken und in Olivenöl andünsten. Tomaten und Basilikum hinzufügen und zum Kochen bringen.

Frische Tomaten nur kurz heiß werden lassen, mit Wein und Salz und Pfeffer abschmecken und vom Herd ziehen. Die Sauce aus Dosentomaten rund 20 Minuten durchköcheln lassen.
Für die Füllung die Ricotta in eine Schüssel geben. Schinkenspeck fein würfeln und knusprig ausbraten. Die Speckwürfel unter die Ricotta heben. Fontina fein würfeln und mit der Hälfte des Parmesans und dem Eigelb dazugeben. Eine glatte Füllmasse herstellen und diese mit Muskat, Salz und Pfeffer abschmecken.
Backrohr auf 190 Grad vorheizen und eine Auflaufform buttern.
Die Crêpes auf einer Arbeitsfläche ausbreiten. Die Ricottamasse darauf verstreichen. Die Crêpes aufrollen und in fingerdicke Scheiben schneiden. Die Scheiben in die gebutterte Form legen. Mit Tomatensauce überziehen und mit dem restlichen Parmesan bestreuen. Im heißen Ofen rund 20 Minuten goldbraun überbacken. Vor dem Anschneiden 3–4 Minuten ruhen lassen.

Risotto con radicchio
Risotto mit Radicchio

Zutaten: 4 Radicchio, 1 kleine gehackte Zwiebel, 30 g Butter, 350 g Risottoreis, 100 ml trockener Weißwein, 750 ml heiße Brühe, 3 EL geriebener Parmesan

Radicchio putzen und in Streifen schneiden. Die kleinen Salatherzen ganz lassen und beiseite stellen.
Zwiebel in Butter anglasen. Reis hinzufügen und unter Rühren rundum anrösten. Radicchiostreifen unterheben und kurz mitdünsten. Mit Weißwein ablöschen und einkochen lassen. Dann eine Kelle Brühe zugießen und einkochen lassen. Vorgang wiederholen, bis der Reis al dente gegart ist (je nach Sorte rund 20 Minuten).
Kurz vor Ende der Garzeit die Radicchioherzen unterheben und erwärmen. Risotto mit Parmesan verfeinern und vor dem Servieren 1–2 Minuten ruhen lassen.

Risotto alla sbirraglia

Risotto mit Hähnchenfleisch

Zutaten: 1 kleine Zwiebel, 2 EL Olivenöl, 300 g Hähnchenschnitzel, Salz und Pfeffer, 400 g Risottoreis, gut 1 l heiße Geflügelbrühe, 1 EL Butter und 2–3 EL geriebener Parmesan zum Verfeinern

Zwiebel fein hacken und in Olivenöl andünsten. Das Hähnchenfleisch in mundgerechte Stücke schneiden und mit der Zwiebel anbraten. Salzen und pfeffern. Wenn das Fleisch Farbe genommen hat, den Reis einrühren und etwa eine Minute unter ständigem Wenden anrösten.
Eine Kelle Brühe angießen und einkochen lassen, dabei ab und zu umrühren.
Vorgang wiederholen, bis der Reis al dente ist (15–20 Minuten).
Risotto vom Herd nehmen und mit Butter und geriebenem Parmesan verfeinern. Auf Teller verteilen und mit einer Runde Pfeffer übermahlen. Heiß servieren.

Risotto con la zucca
Risotto mit Kürbis

Zutaten:
Für die Gemüsebrühe: 600 g Kürbis, Suppengemüse aus 1 Zwiebel, 1 Lauchstange, 2 Selleriestängel oder ein kleines Stück Sellerieknolle, 1 Mohrrübe, ½ Fenchelknolle mit Blattgrün, 1 kleines Bund Petersilie
Für den Risotto: feines Gemüsehack aus 1 Rosmarinzweig, 1 Zwiebel, 1 kleine Mohrrübe und 1 Selleriestängel, 3 EL Butter, 100 ml trockener Weißwein oder trockener Marsala, 400 g Risottoreis, 2 EL Sahne, 2 EL Milch, Salz und Pfeffer, 1 Prise frisch geriebener Muskat, 2 Eigelb, 1 TL abgeriebene Schale einer unbehandelten Zitrone, 4 EL geriebener Parmesan

Kürbis schälen und entkernen, das Fruchtfleisch von den Fäden befreien und mundgerecht würfeln; beiseite stellen. Das übrige Suppengemüse putzen. Mit 1½ Liter Wasser in einen Topf geben und etwa 30 Minuten auskochen. Zum Schluss salzen. Die Brühe durch ein Sieb abgießen, das Suppengemüse gut auspressen und dann wegwerfen. Das Kürbisfleisch in dem Sud knapp al dente garen, mit einem Sieblöffel herausheben und abtropfen lassen.
Für den Risotto das Gemüsehack etwa 5 Minuten in der Hälfte der Butter andünsten, dann mit Wein ablöschen. Sobald der Wein eingekocht ist, den Reis hinzufügen und unter Rühren glasig dünsten.

Eine Kelle Kürbissud angießen und einkochen lassen. Den Vorgang mehrmals wiederholen und den Reis auf diese Weise al dente garen (rund 20 Minuten). Dabei gelegentlich umrühren und darauf achten, dass der Reis nie austrocknet, sondern stets von einem Hauch Flüssigkeit bedeckt ist.
Wenige Minuten vor Ende der Garzeit das Kürbisfleisch, Sahne und Milch einrühren. Mit Salz, Pfeffer und Muskat abschmecken. Die restliche Butter, Eigelb, Zitronenschale und Parmesan einarbeiten. Risotto vom Herd nehmen und vor dem Servieren 2–3 Minuten ruhen lassen.

Coniglio al vino bianco
Kaninchen in Weißwein

Zutaten: 1 küchenfertiges Kaninchen (ca. 1500 g), 2 EL Olivenöl, 1 Zwiebel, 2 Knoblauchzehen, 1 Rosmarinzweig, 2 Lorbeerblätter, 4 Salbeiblätter, 150 ml trockener Weißwein, Salz und Pfeffer

Das Kaninchen in Portionsstücke teilen, salzen und pfeffern. In heißem Olivenöl auf beiden Seiten scharf anbraten. Aus der Pfanne heben und kurz beiseite stellen. Die Zwiebel achteln, die Knoblauchzehen in dünne Scheiben schneiden. Beides im heißen Olivenöl andünsten. Die Kräuter dazugeben und mitrösten. Die Fleischteile wieder hineinsetzen und mit einem Spritzer Wein ablöschen. Die Hitze zurücknehmen und den restlichen Wein aufgießen. Das Kaninchen nun zugedeckt eine knappe Stunde sanft schmoren. Mit Polenta oder Kartoffeln servieren.

Polenta a bocconi
Polenta mit Lammragout

Zutaten: 25 g getrocknete Steinpilze, 1 Zwiebel, 4 EL Olivenöl, 600 g Lammragout (z.B. aus der Schulter), 4 EL Tomatenpüree, Salz und Pfeffer
Für die Polenta: 250 g Polentamehl, 2 EL geriebener Parmesan, 1 EL Butter

Die Steinpilze mit einem Viertelliter kochendem Wasser überbrühen und 15 bis 20 Minuten einweichen lassen. Die Zwiebel fein hacken und in Olivenöl andünsten. Das in grobe Würfel geschnittene Fleisch hinzufügen und bei lebhafter Flamme rundum bräunen.
Die Pilze aus ihrem Einweichwasser heben, fein hacken und zum Fleisch geben. Das Pilzwasser durch ein feines Sieb gießen und mit dem Tomatenpüree vermischen. Unter das Fleisch rühren und heiß werden lassen. Das Ragout salzen und pfeffern und zugedeckt auf kleiner Flamme weich schmoren (gut eine Stunde). Während des Garens eventuell etwas warmes Wasser nachgießen, damit der Saucenfond nicht austrocknet. Während das Ragout schmurgelt, die Polenta nach Packungsanleitung in Salzwasser kochen. Den fertigen Maisbrei mit geriebenem Parmesan und Butter verfeinern. Zum Servieren von der Polenta große Klöße abstechen und auf vorgewärmte Teller setzen. Mit Ragout umgeben und zu Tisch bringen.

Pastissada de caval
Geschmortes Pferdefleisch

Zutaten: 600 g mageres Pferdefleisch, 30 g Butter, 2 EL Olivenöl, 2 Zwiebeln, 400 g Tomatenpüree, 500 ml kräftiger Rotwein, Salz und Pfeffer

Das Pferdefleisch in grobe Würfel schneiden und beiseite stellen.
Butter und Öl in einem Schmortopf erhitzen. Die Zwiebeln in Scheiben hobeln und darin weich dünsten. Die Fleischwürfel hinzufügen und rundum kräftig anbraten. Das Tomatenpüree einrühren, salzen und pfeffern.
Wenn die Tomatensauce einzukochen beginnt, den Rotwein hinzugießen.
Das Ragout abdecken und bei sehr schwacher Hitze rund drei Stunden schmoren.
Mit Polenta als Beilage servieren.

Maccafame salato
Brotauflauf mit Salsiccia

Zutaten: 250 g altbackenes Weißbrot, 500 ml warme Fleisch- oder Gemüsebrühe, 200 g Salsiccia oder grobkörnige Bratwurst, 200 g Pancetta oder durchwachsener Bauchspeck, 4 Eier, 200 g gewürfelter Fontina, 2 EL gehackte Petersilie, Salz und Pfeffer, Butter für die Form

Das Brot entrinden, grob zerpflücken und in der Brühe einweichen.
Salsiccia oder Bratwurst zerpflücken, Pancetta oder Bauchspeck würfeln.
Wurst und Speck in einer Pfanne knusprig braten, herausheben und auf Küchenkrepp abtropfen lassen.
Das Brot abtropfen lassen und mit den Eiern verquirlen. Wurst und Speck hinzufügen, salzen und pfeffern. Die restlichen Zutaten unterheben und sorgfältig vermischen.
Eine Auflaufform buttern und die Mischung einfüllen. Im 180 Grad heißen Ofen rund 30 Minuten überbacken. Heiß oder zimmerwarm mit einem Blattsalat als Beilage servieren.

Zuppa di trippa
Kuttelsuppe

Zutaten: 500 g küchenfertige Kutteln, 2 fein gehackte Zwiebeln, 30 g gewürfelter Bauchspeck, 1 EL Butter, 2 Gewürznelken, 1 EL Tomatenpüree, 1 l Brühe, 1 dicke Mohrrübe, 1 Stange Sellerie, 3 Salbeiblätter, 100g gekochte weiße Bohnen, Salz und Pfeffer, 4 große Scheiben Weißbrot zum Servieren

Die küchenfertigen Kutteln in kleine Vierecke schneiden und beiseite stellen. Zwiebeln und Bauchspeck in Butter andünsten und Farbe nehmen lassen.
Die Kutteln, Salz, Pfeffer und die Gewürznelken hinzufügen. Das Tomatenpüree mit einem Esslöffel Wasser verquirlen und unter die Kutteln rühren. Das Ganze auf kleiner Flamme eine Stunde schmoren.
Unterdessen die Brühe zum Kochen bringen; Mohrrübe und Sellerie putzen und zerkleinern. Die heiße Brühe zusammen mit Gemüse und Salbei über die Kutteln gießen. Gleichzeitig die Bohnenkerne hinzufügen, die der Suppe ihre Sämigkeit verleihen. Eine weitere halbe Stunde durchkochen lassen.
Suppenschalen mit den gerösteten Brotscheiben auslegen, die Suppe darüber gießen und heiß servieren.

Fegato alla veneziana
Kalbsleber mit Zwiebeln

Zutaten: 400 g Kalbsleber in dünnen Scheiben, 400 g Zwiebeln, 2 EL Butter, 50 ml Gemüsebrühe, Salz und Pfeffer, gehackte Petersilie zum Garnieren

Die Leber in Streifen schneiden und beiseite stellen.
Die Zwiebeln in hauchdünne Ringe hobeln und in Butter und Gemüsebrühe unter Wenden weich dünsten.
Die Leber hinzufügen und bei starker Hitze so rasch wie möglich garen. Salzen und pfeffern und mit gehackter Petersilie bestreuen.
Mit Polenta oder Weißbrot als Beilage servieren.

Anguilla alla veneziana
Aal süßsauer geschmort

Zutaten: 600 g küchenfertiger Flussaal, 2 Knoblauchzehen, 3–4 EL Olivenöl, 100 ml trockener Weißwein, 400 g Tomatenpüree, 2 Lorbeerblätter, Salz, Pfeffer aus der Mühle, 8 Reineclauden

Aal in Portionsstücke zerteilen und beiseite stellen.
Knoblauch fein hacken und in Olivenöl andünsten. Die Aalstückchen in die Pfanne setzen und mit Weißwein übergießen.
Den Wein etwas einkochen lassen, dann das Tomatenpüree hinzufügen und heiß werden lassen. Mit den Lorbeerblättern aromatisieren, salzen und pfeffern.
Die Reineclauden vom Stein lösen, halbieren und in die Pfanne setzen. Mit ihrem säuerlichen Fruchtfleisch machen sie den fetten Aal bekömmlicher.
Aal nun zugedeckt bei milder Hitze rund 30 Minuten schmoren. Ab und zu umrühren.
Mit Polenta als Beilage servieren.

Baccalà alla vicentina
Stockfisch aus dem Rohr

Zutaten: 800 g küchenfertiger Stockfisch im Stück, 6 Sardellenfilets, 1 Bund Petersilie, 3–4 Zwiebeln, 3 Knoblauchzehen, 200 ml Olivenöl, 6 EL geriebener Parmesan, 2–3 EL Mehl, 250 ml Milch, Salz und Pfeffer

Den gewässerten Stockfisch trockentupfen, halbieren und beiseite stellen. Sardellenfilets und Petersilie fein hacken. Zwiebeln und Knoblauch zerkleinern.
Etwas Öl in einer Pfanne erhitzen und Zwiebeln und Knoblauch darin andünsten. Das Hack aus Sardellen und Petersilie hinzufügen und kurz im Zwiebelgemisch schwenken.
Vom Herd nehmen und eine Stockfischhälfte mit der Hälfte dieser Mischung bestreichen. Die andere Fischhälfte darauflegen und andrücken. Diese »Sandwiches« in 4–5 Zentimeter breite Streifen schneiden. Parmesan und Mehl vermischen und auf einen Teller streuen. Die Fischstreifen darin wenden und dicht an dicht in eine Auflaufform setzen. Die zweite Hälfte der Zwiebelmischung darüber verteilen und mit dem restlichen Öl und der Milch aufgießen. Mit wenig Salz und etwas mehr Pfeffer würzen. Die Form abdecken und im 175 Grad heißen Backrohr gut eine Stunde garen. Heiß zu Polenta oder Kartoffeln servieren.

Salmerino in cartoccio
Saibling in Folie

Zutaten: 4 küchenfertige Saiblinge à 350 g, 4 reife Eiertomaten, 12 Basilikumblätter, 20 grüne und 20 schwarze Oliven, 4 EL Kapern, 2 EL Weinbrand, 4 EL Olivenöl, Salz und Pfeffer

Backherd auf 200 Grad vorheizen. 4 Bögen Alufolie so zurechtschneiden, dass die Fische darauf Platz haben, und auf einer Arbeitsfläche ausbreiten.
Die Saiblinge auf die Alufolie legen, innen und außen mit Salz und Pfeffer einreiben.
Die Tomaten würfeln, das Basilikum grob zerzupfen, die Oliven entsteinen und alles zusammen mit den Kapern auf den Fischen verteilen. Mit etwas Weinbrand benetzen und mit dem Olivenöl beträufeln.
Die Folie zu Päckchen verschließen, auf ein Backblech legen, und die Fische im heißen Rohr in rund 25 Minuten garen.

Seppie in teglia con piselli freschi
Tintenfischpfanne mit frischen Erbsen

Zutaten: 800 g küchenfertige Tintenfischtuben, 1 kleine Zwiebel, 1 Knoblauchzehe, 2 EL Olivenöl, 50 ml säuerlicher Weißwein, 2 EL Tomatenmark, 200 g frische Erbsen, Salz und Pfeffer, gehackte Petersilie zum Garnieren

Tintenfischtuben ausspülen, trockentupfen und in schmale Ringe schneiden. Zwiebel und Knoblauch fein hacken und in Olivenöl andünsten. Tintenfischringe hinzufügen und über lebhafter Flamme schmoren, bis die gezogene Flüssigkeit einkocht. Mit Weißwein ablöschen. Das Tomatenmark in etwas lauwarmem Wasser auflösen und in die Fischpfanne rühren. Die Erbsen hinzufügen und in rund 10 Minuten weich garen. Mit Salz und Pfeffer abschmecken und mit Petersilie bestreut servieren.
Als Beilagen passen Polenta oder Weißbrot.

Viva
il vino
veneto

Eingelegte Paprika

⁂

Amarone-Risotto

⁂

Gefüllte Entenbrust
mit Radicchio

⁂

Pfirsiche in Recioto

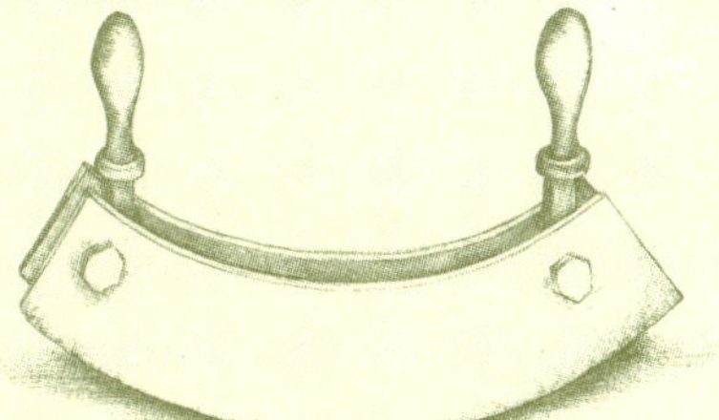

Peperoni marinati
Eingelegte Paprika

Zutaten: 1 grüne, 2 gelbe und 2 rote Paprikaschoten, Olivenöl, 1 Knoblauchzehe, 1 Rosmarinzweig, Salz und Pfeffer, Balsamessig

Paprikaschoten halbieren und entkernen. Paprikahälften mit Olivenöl bepinseln und mit der Schnittfläche nach unten auf ein mit Backtrennpapier ausgelegtes Backblech legen. Unter den Grillschlangen im Backofen braten, bis sie bräunen und Blasen werfen. Paprikahälften in eine Schüssel umfüllen und zugedeckt 15 Minuten nachdämpfen lassen. Dann die dünne Haut mit einem scharfen Messer abstreifen.
Paprika nach Wunsch in kleinere Stücke schneiden.
Knoblauch und Rosmarin hacken.
Paprika lagenweise in eine Schale schichten. Zwischen die einzelnen Lagen Knoblauch und Rosmarin sowie Salz und Pfeffer streuen. Abschließend mit Balsamessig beträufeln. Abdecken und im Kühlschrank einige Stunden oder über Nacht durchziehen lassen. Gelegentlich wenden. Vor dem Servieren auf Zimmertemperatur erwärmen.

Risotto all'Amarone
Risotto mit Amarone

Zutaten: 1 Zwiebel, 1 Rosmarinzweig, 80 g Butter, 400 g Risottoreis, 250 ml Amarone, ca. 700 ml heiße Geflügel- oder Gemüsebrühe

Zwiebel fein hacken. Rosmarinnadeln vom Stängel ribbeln und ebenfalls fein hacken. Beides in der Hälfte der Butter andünsten. Den Reis einstreuen und unter Rühren glasig dünsten. Den Wein hinzugießen und ohne umzurühren einkochen lassen. Eine Kelle Brühe hinzugießen und unter gelegentlichem Rühren ebenfalls einkochen lassen. Diesen Vorgang wiederholen, bis der Reis al dente gegart ist (15–20 Minuten).
Vom Herd nehmen und die restliche Butter einarbeiten. 2 Minuten ruhen lassen und servieren.

Petto d'anatra farcito con radicchio
Gefüllte Entenbrust mit Radicchio

Zutaten: 4 Entenbrüste, 1 EL Butter, 1 kleine gehackte Zwiebel, 2 Rosmarinzweige, 100 ml trockener Rotwein, 4 Radicchio, Salz und Pfeffer
Für die Füllung: 2 Schalotten, 50 g Bauchspeck, 2 TL Butter, 1 EL Olivenöl, 2 Radicchio, 100 ml trockener Rotwein

Für die Füllung eine Schalotte und die Hälfte des Bauchspecks sehr fein würfeln. Je einen Teelöffel Butter und Olivenöl in einer Pfanne erhitzen und Schalotten- und Speckwürfel darin andünsten.
Radicchio putzen und in zentimeterbreite Streifen schneiden. In die Pfanne geben und mitdünsten. Salzen und pfeffern. Sobald der Radicchio zusammenfällt, mit der Hälfte des Rotweins ablöschen. Den Wein einkochen lassen und die Pfanne vom Herd nehmen.

Die Haut der Entenbrüste rautenförmig einritzen. Salzen und pfeffern. Fleisch in der Mitte aufschlitzen und den vorbereiteten Radicchio einfüllen. Mit einem Bindfaden verschließen.
Bratrohr auf 200 Grad vorheizen.
Die Butter in einer ofenfesten Form erhitzen.

Zwiebel und Rosmarin darin andünsten.
Die gefüllten Entenbrüste mit der Hautseite nach unten hineinsetzen und auf lebhafter Flamme rasch anbraten. Wenden und auch die andere Seite kurz braten. Mit Wein übergießen und 10–15 Minuten im vorgeheizten Rohr garen.
Für die Beilage den Radicchio vierteln, dann wie den Radicchio für die Füllung mit den restlichen Zutaten in einer Pfanne vorbereiten.
Gegarte Entenbrüste mit den gebratenen Radicchiovierteln anrichten.

Pesche al Recioto

Pfirsiche in Recioto

Zutaten: 4 Pfirsiche, 1 EL Zucker, Saft einer Zitrone, 500 ml Recioto, nach Wunsch Schlagsahne zum Servieren

Pfirsiche schälen, entsteinen und vierteln. In eine Schüssel geben, mit Zucker bestreuen und mit Zitronensaft beträufeln. Etwa 30 Minuten ziehen lassen, dann mit dem Wein übergießen. Abdecken und 1–2 Stunden kühl stellen.

Zum Servieren nach Wunsch Sahne steif schlagen und jeweils einen Klecks davon auf Teller setzen. Die Pfirsichviertel auf diesen Sahnekissen anrichten.

I sapori della Laguna

Köstlichkeiten aus der Lagunenregion

Süßsauer eingelegte Auberginen

*

Pasta mit Entenragout

*

Ente mit Gemüse

*

Venezianische Gewürzplätzchen

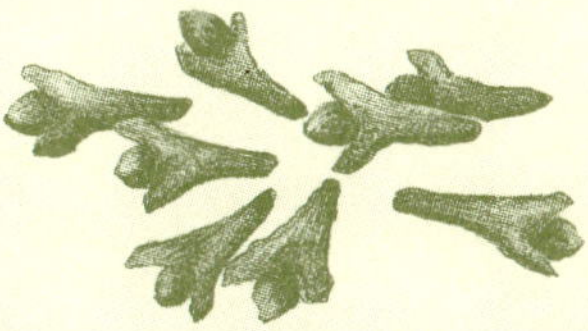

Melanzane in saòr
Süßsauer eingelegte Auberginen

Zutaten: 1 kg rundliche Auberginen, 500 g Gemüsezwiebeln, Öl, 200 ml Rotwein, 200 ml Rotweinessig, 30 g Rosinen, 30 g Pinienkerne, Salz und Pfeffer

Auberginen waschen, abtrocknen und quer in zentimeterdicke Scheiben schneiden. Die Scheiben auf beiden Seiten mit Salz einreiben, senkrecht in ein Sieb stellen und etwa eine Stunde durchziehen lassen. Danach gründlich abspülen und mit Küchenkrepp trockentupfen.
Während die Auberginen durchziehen, die Zwiebeln in feine Ringe hobeln und in heißem Öl sanft weich braten. Mit Wein und Essig ablöschen. Rosinen und Pinienkerne hinzufügen, salzen und pfeffern. Einige Minuten leise durchköcheln lassen, dann vom Herd ziehen.

Öl in einer Pfanne erhitzen und die vorbereiteten Auberginenscheiben darin weich braten. Herausheben und auf Küchenkrepp abtropfen lassen.
Abwechselnd Auberginen und Zwiebeln in eine Schale schichten, bis alle Zutaten aufgebraucht sind. Abdecken und kühl stellen. Vor dem Servieren 24 Stunden durchziehen lassen.

Pasta con ragù d'anatra
Pasta mit Entenragout

Zutaten: 1 kleine küchenfertige Ente (mit Innereien), 1 Mohrrübe, 1 Zwiebel, 2 Gewürznelken, 1 Selleriestange, 1 Bund Petersilie, 1 Lorbeerblatt, 1 Knoblauchzehe, 50 g Butter, 3 Salbeiblätter, 400 g Spaghetti, Salz und Pfeffer

Die Ente sorgfältig unter fließendem Wasser waschen und trocken tupfen. Die Innereien herausnehmen und ebenfalls säubern.
Die Mohrrübe halbieren, die Zwiebel mit den Gewürznelken spicken und zusammen mit Sellerie, Petersilie, Lorbeerblatt und Knoblauch mit Wasser aufsetzen.
Sobald das Wasser kocht, die Ente hineinlegen und Magen sowie Leber hinzufügen. Deckel aufsetzen und einen Spaltbreit offen lassen. Die Ente in diesem Sud gut eine Stunde leise garen.
Die Ente und die Innereien aus der Brühe heben, abtropfen und abkühlen lassen.
Die gekochte Entenleber, den Magen sowie die rohen Innereien fein hacken. Das Fleisch von den Flügeln auslösen und ebenfalls fein hacken. Den Rest der Ente für den Hauptgang beiseite stellen.
Die Butter in einer Pfanne zerlassen und mit den Salbeiblättern aromatisieren. Mit Salz und Pfeffer abschmecken, dann das Entenhack darin schwenken, bis es vom Salbeiaroma durchdrungen ist. In der Zwischenzeit die Pasta in Salzwasser al dente garen. Abgießen und mit der Entensauce anrichten.

Anatra con verdure
Ente mit Gemüse

Zutaten: 1 gesottene Ente (siehe vorhergehendes Rezept), 1 kg frischer Blattspinat, 1 Schalotte, 2 EL Butter, Salz, Pfeffer, Muskat

Den Spinat verlesen und putzen.
Schalotte fein hacken und in Butter andünsten. Den Spinat hinzufügen und in der Pfanne unter Wenden zusammenfallen lassen. Mit Salz, frisch gemahlenem Pfeffer und geriebenem Muskat abschmecken.
Auf eine Servierplatte geben. Die Ente vierteln, auf den Spinat betten und zu Tisch bringen.

Pevarini
Venezianische Gewürzplätzchen

Zutaten: 100 g Butter, 100 g Honig, 100 g Zucker, 1 Prise Salz, ½ TL Nelkenpulver, 1 TL Zimtpulver, 1 Msp. Piment, 1 Msp. Ingwerpulver, 1 Msp. Kardamom, 350 g Mehl, Backpulver

Butter, Honig und Zucker in ein hochwandiges Gefäß füllen und unter ständigem Rühren im Wasserbad heiß werden lassen. Sobald sich die Zutaten zu einer gleichmäßigen Flüssigkeit aufgelöst haben, sämtliche Gewürze hinzufügen. Mehl und Backpulver einrühren. Topf vom Herd nehmen und den Teig abkühlen lassen.
Backrohr auf 180 Grad vorheizen. Eine Arbeitsfläche mit Mehl bestreuen. Den Teig kurz durchkneten, dann auf der Arbeitsfläche fingerdick ausrollen. Beliebige Formen ausstechen und auf einem mit Backpapier belegten Blech ausbreiten. Im heißen Ofen etwa 15 Minuten backen.

I sapori del mare
Meeresspezialitäten

Meerspinne venezianische Art

⁜

Risotto mit Tintenfischschwärze

⁜

Wolfsbarsch mit Radicchio

⁜

Mandelmakronen

Granseola alla veneziana
Meerspinne venezianische Art

Zutaten: 1 Mohrrübe, 1–2 Liebstöckelzweige, 1–2 Petersilienzweige, 1 Lorbeerblatt, 1 TL Pfefferkörner, 4 küchenfertige Meerspinnen, 100 ml Olivenöl, der Saft von 2 Zitronen, 1 EL gehackte Petersilie, Salz und Pfeffer, Kopfsalatblätter zum Anrichten

Mohrrübe, Liebstöckel und Petersilie putzen und mit Lorbeerblatt und Pfefferkörnern etwa 10 Minuten in sprudelndem Salzwasser auskochen. Die Meerspinnen in diesen Sud geben und in wenigen Minuten garen. Herausheben und abkühlen lassen. Auf der Bauchseite vorsichtig öffnen, die schwarzen Teile und eventuell die Eier herauskratzen und wegwerfen. Das Fleisch und den sogenannten Corail in eine Schüssel geben.
4 besonders schöne Panzerhälften heraussuchen und gründlich ausspülen. Die restlichen Schalen wegwerfen.
Olivenöl mit Zitronensaft verrühren. Die gehackte Petersilie untermengen, salzen und pfeffern. Das ausgelöste Fleisch und den Corail mit dieser Marinade würzen und dabei gut durchmischen.
Das gewürzte Fleisch in die vorbereiteten Panzer füllen. Unter den Grillschlangen im Ofen kurz anwärmen. Auf einem Bett aus Kopfsalatblättern anrichten und servieren.

Risotto nero

Risotto mit Tintenfischschwärze

Zutaten: 300 g ganze Tintenfische, 1 Schalotte, 4 EL Olivenöl, 50 ml trockener Weißwein, 2 geschälte Tomaten, Salz und Pfeffer, 350 g Risottoreis, 1 l heiße Fischbrühe

Tintenfische putzen. Kopf abtrennen, Tintenbeutel vorsichtig aus dem Körper lösen und die Tinte in einem Schälchen auffangen. Den glasigen Knochen herausdrehen. Die Tintenfische ausspülen und in Streifen oder mundgerechte Stücke schneiden.
Schalotte fein hacken und in 2 Esslöffeln Olivenöl andünsten. Die Tintenfische hinzufügen und kurz anbraten. Mit dem Weißwein ablöschen, die Tomaten hinzufügen und mit einer Gabel zerpflücken. Salzen und pfeffern. Nun auch die Tinte einrühren. Auf kleiner Flamme zugedeckt garen und ein wenig eindicken lassen.
Inzwischen das restliche Öl in einem Topf erhitzen. Den Reis darin glasig dünsten und mit Fischbrühe übergießen. Zum Kochen bringen und leise wallend al dente garen (je nach Reissorte 15–20 Minuten). Kurz vor Ende der Garzeit die Tintenfischsauce einrühren und einige Minuten mitköcheln, damit sich Farbe und Aromen gut verbinden können. Mit Salz und Pfeffer abschmecken. Auf Teller verteilen und heiß servieren.

Branzino al radicchio

Wolfsbarsch mit Radicchio

Zutaten: 4 Wolfsbarschfilets à ca. 200 g,
1–2 Radicchioköpfe, 4 EL Butter,
100 ml Fischfond (aus dem Glas),
Salz und Pfeffer

Den Fisch abtupfen und kurz beiseite stellen. Radicchio putzen und in fingerbreite Streifen schneiden.

Die Hälfte der Butter in einer Pfanne erhitzen und die Wolfsbarschfilets auf beiden Seiten goldgelb braten. Die Radicchiostreifen hinzufügen und fünf Minuten mitschmoren. Den Fischfond angießen und heiß werden lassen.

Die Fischfilets herausnehmen und warm stellen. Die Sauce auf lebhafter Flamme einkochen lassen. Salzen, pfeffern und mit der restlichen Butter verfeinern.

Den Fisch auf Tellern anrichten und mit der Sauce überziehen. Mit Polenta oder Salzkartoffeln servieren.

Biscotti di mandorle
Mandelmakronen

Zutaten: 3 Eiweiß, 250 g Puderzucker, 200 g gemahlene Mandeln, Saft einer halben Zitrone

Die Eiweiß zu Schnee schlagen, bis sich leichte Häubchen bilden. Den Puderzucker hineinrieseln lassen und zu sehr steifem Schnee weiterschlagen.
Die Hälfte des Eischnees in eine Schüssel umfüllen und mit den gemahlenen Mandeln vermengen. Mit Zitronensaft verfeinern.
Aus dem möglichst festen Teig eine Rolle mit 3–4 Zentimeter Durchmesser formen.
Fingerdicke Scheiben abschneiden und auf ein mit Backpapier ausgelegtes Backblech legen.
Backrohr auf 150 Grad vorheizen.
Auf jede Makrone ein Häubchen reinen Eischnee setzen, dann im heißen Backrohr 30–40 Minuten eher trocknen als backen.

La tradizione ebraica a Venezia

Venedigs jüdische Küchentradition

Süßsaurer Kürbis

✻

Tagliatelle vom Rohr

✻

Truthahn-Hackbraten

✻

Venezianisches Marzipankonfekt

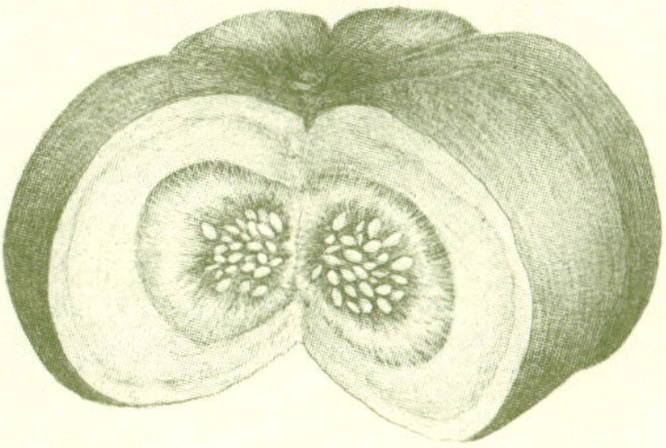

Zucca baruca in agrodolce
Süßsaurer Kürbis

Zutaten: 1 kg Kürbisfleisch,
Öl zum Braten, 200 ml Weißweinessig,
200 ml Weißwein, Salz und Pfeffer,
1 TL Zucker, 2 gehackte Knoblauchzehen,
2 EL gehackte Minze

Kürbisfleisch in 6–7 Millimeter dicke Scheibchen schneiden. Kurz in heißem Öl braten und auf Küchenkrepp abtropfen lassen.
Das Öl abgießen und die Kürbisscheiben wieder in die Pfanne geben. Mit Essig und Wein übergießen, Salz, Pfeffer, Zucker, Knoblauch und Minze hinzufügen. Kurz aufkochen lassen, dann 10 Minuten leise durchköcheln. Vom Herd nehmen und bei Zimmertemperatur einige Stunden durchziehen lassen.

Frisensal di tagliatelle
Tagliatelle vom Rohr

Zutaten: 400 g Tagliatelle,
2 EL Gänseschmalz, 4 koschere Salsiccie oder Gänsesalamis, 2 EL eingeweichte Rosinen, 4 EL Pinienkerne, Nelkenpfeffer, Salz

Backrohr auf 200 Grad vorheizen.
Die Tagliatelle in sprudelndem Salzwasser al dente garen. Abgießen und mit dem zerlassenen Gänseschmalz überziehen. In eine gefettete Auflaufform füllen.
Die Würste oder Salamis in mundgerechte Häppchen schneiden und mit Rosinen und Pinienkernen vermischen. Mit Salz und Nelkenpfeffer würzen.
Die Tagliatelle mit dieser Mischung abdecken und im heißen Backrohr in etwa 30 Minuten knusprig braun überbacken.

Polpettone di tacchino
Truthahn-Hackbraten

Zutaten: 4 Eier, 1 kg Putenhackfleisch, 250 g gehacktes Kalbfleisch, 1 gehackte Knoblauchzehe, 1 EL gehackte Pistazien, 4 gehackte Salbeiblätter, 1 TL gehackte Rosmarinnadeln, Muskat, Salz und Pfeffer, heiße Fleischbrühe zum Garen

2 Eier hart kochen, pellen und beiseite stellen.
Die restlichen Eier mit den beiden Hackfleischsorten und den übrigen Zutaten vermischen und kräftig würzen.
Die Fleischmasse auf einem feuchten Küchentuch ausbreiten. Die hart gekochten Eier darauf geben und mit der Hackfleischmasse umschließen. Mit Hilfe des Küchentuchs zu einer Rolle formen und die Enden verschnüren.

Diese »Wurst« in die sanft kochende Fleischbrühe geben und auf kleiner Flamme in rund 2 Stunden garen.
Herausheben und unter einem Gewicht erkalten lassen. In Scheiben schneiden und mit einem Salat als Beilage servieren.

Marzapane alla veneziana
Venezianisches Marzipankonfekt

Zutaten: 300 g geschälte Mandeln,
300 g Puderzucker, Bittermandelessenz,
die abgeriebene Schale einer unbehandelten
Zitrone, 1 Eiweiß, Datteln und getrocknete
Aprikosen zum Füllen

Die Mandeln hauchfein mahlen und mit dem Puderzucker vermischen. Mit einigen Tropfen Bittermandelessenz und der Zitronenschale verfeinern. Die Masse mit dem Eiweiß geschmeidig rühren.
Die frischen oder getrockneten Datteln entkernen und an die Stelle des Kerns einen Klecks Marzipan geben. Mit den Aprikosen genauso verfahren.

L'autunno in campagna

Herbstliche Schlemmereien aus dem Hinterland

Crostini mit Pilzen

⁂

Selleriesuppe

⁂

Hasenragout

⁂

Maiskekse

Crostini ai funghi
Crostini mit Pilzen

Zutaten: 150 ml Gemüsebrühe, 1 ganze und 1 gehackte Knoblauchzehe, 1 EL Mehl, 3 EL Butter, 1 EL geriebener Parmesan, 250 g blättrig geschnittene Pilze, Salz und Pfeffer, 1 kleine weiße Trüffel (ca. 15 g), 16 Baguettescheiben

Die Brühe mit der ganzen Knoblauchzehe zum Kochen bringen. 2 Minuten durchkochen, dann vom Herd nehmen und den Knoblauch wieder entfernen.
Das Mehl in einem Esslöffel Butter hell anschwitzen. Mit der Brühe auffüllen, salzen und pfeffern. Bei kräftiger Hitze einkochen lassen. Den Parmesan einrühren und weiterköcheln lassen, bis eine dickliche und streichfähige Creme entsteht.
Inzwischen die Pilze und die gehackte Knoblauchzehe in der restlichen Butter weich braten, salzen und pfeffern.
Mit der Parmesancreme vermischen.
Die Baguettescheiben leicht rösten.
Die Brotscheiben mit der Pilzcreme bestreichen und auf Teller setzen.
Mit Trüffelraspeln bestreuen und servieren.

Zuppa di sedano di Verona
Selleriesuppe

Zutaten: 200 g Kartoffeln, 400 g Knollensellerie, 2 EL Butter, 1 gehackte Zwiebel, 1 l Gemüsebrühe, 4 altbackene Weißbrotscheiben, 6 EL geriebener Parmesan, Salz und Pfeffer

Kartoffeln und Sellerie schälen und in dünne Scheiben schneiden. Die Butter in einem Topf erhitzen und die Zwiebel darin anschwitzen. Kartoffeln und Sellerie hinzufügen und kurz mitdünsten. Mit der Gemüsebrühe und einem Liter Wasser auffüllen und zum Kochen bringen. Auf kleiner Flamme in etwa 15 Minuten weich garen. Salzen und pfeffern.
Die Brotscheiben rösten, auf Teller verteilen und mit dem Käse bestreuen. Die heiße Suppe darüber gießen und servieren.

Lepre in salmì
Hasenragout

Zutaten: 1 küchenfertiger Hase einschließlich Leber und Herz, 2 Zwiebeln, 1 Mohrrübe, 1 Stück Knollensellerie, 1 Lorbeerblatt, 1 l kräftiger Rotwein, 2–3 EL Öl, 100 g Speck, 3 EL Butter, 2 Gewürznelken, eventuell Brühe, 2–3 EL Weinessig, Salz, Pfeffer

Den Hasen bereits vom Metzger in Portionsstücke zerteilen lassen. Die Hasenstücke (Innereien gesondert im Kühlschrank aufbewahren) in eine Schüssel legen. Eine Zwiebel, die Mohrrübe und den Sellerie würfeln und über dem Fleisch verteilen. Das Lorbeerblatt hinzufügen und alles mit dem Rotwein übergießen. Abdecken und den Hasen 1–2 Tage in dieser Marinade ziehen lassen.
Die Hasenteile aus der Marinade heben und mit Küchenkrepp trockentupfen.
Das Fleisch bei kräftiger Hitze in Öl vorbraten, bis die streng riechende Flüssigkeit austritt (etwa 10 Minuten). Aus der Pfanne heben und die Flüssigkeit abgießen.
Speck in feine Streifen schneiden und in einem Bräter zerlassen. 2 Esslöffel Butter hinzufügen, dann die Fleischteile in das heiße Fett setzen und anrösten. Die Zwiebel mit Gewürznelken spicken und ebenfalls in den Topf setzen. Salzen und pfeffern und eine Kelle Marinade angießen. Die Flüssigkeit bei kleiner Flamme einkochen lassen, dann wieder Rotweinmarinade nachgießen.

Diesen Vorgang wiederholen, bis die Marinade aufgebraucht und das Fleisch mürbe ist. Sollte die Marinade nicht ausreichen, mit Fleisch- oder Gemüsebrühe ergänzen.
In der Zwischenzeit das Herz und die Leber fein würfeln und in der restlichen Butter braten. Salzen, pfeffern und mit einem Schuss gutem Weinessig ablöschen. Vom Herd nehmen und in den Bratenfond einrühren.
Die Hasenteile auf Tellern anrichten und mit der Sauce übergießen. Mit Polenta als Beilage servieren.

Zaleti
Maiskekse

Zutaten: 100 g Rosinen, 400 g Maismehl, 200 g Weizenmehl, 1 Prise Salz, 150 g Zucker, 1 Päckchen Vanillezucker, 150 g zerlassene Butter, 100 g Pinienkerne, die abgeriebene Schale einer unbehandelten Zitrone, ca. 50 ml Milch, Butter für das Blech

Rosinen in lauwarmem Wasser einweichen. Die beiden Mehlsorten mischen und in eine Schüssel sieben. In der Mitte eine Vertiefung formen und Salz, Zucker, Vanillezucker und zerlassene Butter hineingeben. Die Zutaten mit dem Mehl verarbeiten und kräftig durchkneten.

Die Rosinen abtropfen lassen und zusammen mit den Pinienkernen und der abgeriebenen Zitronenschale untermengen. Esslöffelweise die Milch hinzufügen, bis ein schön geschmeidiger, aber nicht feuchter Teig entsteht.

Backrohr auf 200 Grad vorheizen.

Den Teig in ungefähr walnussgroße Portionen teilen. Diese Teigkügelchen leicht flach drücken und auf ein gebuttertes Backblech setzen. Im heißen Backrohr goldgelb backen (10–15 Minuten). Abkühlen lassen und mit Espresso oder einem Glas Vinsanto servieren.

Una festa al palazzo
del doge

Zu Gast im Dogenpalast

Grüner Spargel mit Orangensauce

❋

Reis mit jungen Erbsen

❋

Nudelpastete mit Taubenragout

❋

Gefüllte Forellenfilets

❋

Fenchel aus dem Rohr
Artischocken süßsauer

❋

Proseccosabayon mit Birnen

Für 6 Personen

Asparagi con salsa di arancia
Grüner Spargel mit Orangensauce

Zutaten: 1 kg grüner Spargel, 2 EL Butter, 3 Eigelb, 50 ml Champagneressig, 2 EL frisch gepresster Orangensaft, die abgeriebene Schale von ½ unbehandelten Orange, Salz und Pfeffer

Spargel putzen, die unteren Enden an ihrer natürlichen Bruchstelle abknipsen, dicke Stangen schälen. Spargelstangen mit etwas Wasser in eine weite Pfanne legen und dämpfen, bis sie gerade bissfest werden, aber noch leuchtend grün aussehen.
In der Zwischenzeit die Sauce zubereiten. Die Butter im Wasserbad schmelzen. Eigelb verquirlen und unter die Butter rühren. Essig, Orangensaft und -schale unterziehen, salzen und pfeffern. Spargelstangen auf einer Platte anrichten und mit der heißen Sauce überziehen. Sofort servieren.

Risi e bisi

Reis mit jungen Erbsen

Zutaten: 1 Zwiebel, 1 Bund Petersilie, 30 g Bauchspeck, 4 EL Butter, 400 g Risottoreis, 300 g frische Erbsen, gut 1 l heiße Fleisch- oder Gemüsebrühe, Salz, Pfeffer aus der Mühle, 4 EL geriebener Parmesan

Zwiebel, Petersilie und Bauchspeck fein hacken und in 2 Esslöffeln Butter andünsten. Den Reis einstreuen und rundum glasig dünsten. Die Erbsen zufügen und unter Wenden anschwitzen. Eine Kelle Brühe angießen und unter gelegentlichem Rühren einkochen lassen. Vorgang wiederholen, bis Reis und Erbsen al dente sind (gut 15 Minuten). Salzen, großzügig pfeffern und die restliche Butter sowie den Parmesan einarbeiten. 2 Minuten ruhen lassen und zu Tisch bringen.

Pasticcio di colombi
Nudelpastete mit Taubenragout

Zutaten:
Für die Teighülle: 250 g Mehl, 1 Prise Salz, 120 g zimmerweiche Butterflöckchen, 1 Eigelb
Für die Füllung: 2 küchenfertige Tauben, 1 kleine gehackte Zwiebel, 100 g Butter, ca. 250 ml Geflügel- oder Gemüsebrühe, 50 ml trockener Weißwein, 2 Salbeiblätter, 100 g geputztes Kalbsbries, 4 Hühnerlebern, 50 g gekochter Schinken, 1 gehackte Schalotte, 250 g frische Erbsen, 200 g frische Pilze, 2 EL gehackte Petersilie, 200 g Maccheroni, 3 gehackte Selleriestängel, 200 g Ricotta, Salz und Pfeffer, 1 Eigelb zum Bestreichen

Für den Teig das Mehl in eine Schüssel sieben und salzen. Butterflöckchen und Eigelb hinzufügen. Rasch zu einer krümeligen Masse verarbeiten. Mit 3–4 Esslöffeln Brühe beträufeln, um den Teig zu binden. Den Teig zu einer Kugel rollen, in Klarsichtfolie schlagen und mindestens 30 Minuten im Kühlschrank ruhen lassen.
Für die Füllung die Tauben entbeinen und in kleine Stücke schneiden. Die gehackte Zwiebel in 25 Gramm Butter und 4 Esslöffeln Brühe andünsten. Die Taubenstückchen

hinzufügen und bei lebhafter Hitze rundum anbraten. Mit etwas Wein ablöschen. Salzen und pfeffern. Die Salbeiblätter hinzufügen. Die Taubenstückchen nun zugedeckt auf kleiner Flamme weich schmoren. Eventuell etwas Brühe nachgießen, damit der Saucenfond nicht austrocknet.
Inzwischen Bries und Hühnerlebern klein schneiden und rasch in etwas Butter braten. Salzen und pfeffern und beiseite stellen.
Den Schinken würfeln und zusammen mit der Schalotte in Butter anbraten. Die Erbsen hinzufügen und unter Rühren anschwitzen. Mit einer Kelle Brühe ablöschen und zugedeckt weich schmoren. Salzen und pfeffern und beiseite stellen.
Die Pilze putzen, blättrig aufschneiden und in Butter braten. Saft ziehen lassen und mit dem restlichen Wein ablöschen. Salzen und pfeffern und mit der gehackten Petersilie verrühren. Beiseite stellen.
Die Pasta in reichlich Salzwasser al dente garen und abgießen. In eine große Schüssel füllen und mit den vorbereiteten Zutaten, dem Sellerie und der Ricotta vermischen. Mit Salz und Pfeffer abschmecken.
Backherd auf 200 Grad vorheizen.
Den Teig aus dem Kühlschrank holen und zu zwei ungleichen Teigkreisen ausrollen. Mit dem größeren Kreis Boden und Wände einer gebutterten Springform (26 Zentimeter Durchmesser) auskleiden und einen

2 bis 3 Zentimeter breiten Rand überstehen lassen. Die Pastamischung einfüllen. Teigränder darüber klappen.
Den kleineren Teigkreis als Deckel aufsetzen und gut versiegeln. Den Deckel mit verquirltem Eigelb bepinseln. Nun ein pfenniggroßes Loch in die Mitte des Teigdeckels ritzen. Aus Alufolie einen kleinen Kamin formen und hineinstecken, damit der beim Backen entstehende Dampf entweichen kann.
Die Pastete im heißen Backofen eine knappe Stunde backen. Aus der Form lösen und warm, aber nicht mehr heiß servieren.

Filetti di trota ripieni
Gefüllte Forellenfilets

Zutaten: 8 Forellenfilets, 20 g Pinienkerne, 20 g Rosinen, 20 g Kapern, 20 g entsteinte schwarze Oliven, 1 Bund Petersilie, 1 Knoblauchzehe, Saft einer Zitrone, Semmelbrösel zum Binden, Olivenöl, Salz und Pfeffer, 100 ml trockener Weißwein

Forellenfilets abtupfen, eventuell von Grätenresten befreien und beiseite stellen. Pinienkerne, Rosinen, Kapern, Oliven, Petersilienblättchen und Knoblauch in der Küchenmaschine fein hacken oder nach Wunsch pürieren. Mit Zitronensaft, Semmelbröseln und Olivenöl zu einer geschmeidigen Paste verrühren. Salzen und pfeffern. Die Forellenfilets mit dieser Paste bestreichen und zusammenklappen.
Backrohr auf 180 Grad vorheizen.
Eine Auflaufform mit Olivenöl auspinseln. Die Forellenfilets hineinsetzen und im heißen Rohr rund 15 Minuten garen. Dabei immer wieder mit etwas Weißwein übergießen. Heiß servieren.

Finocchi al forno

Fenchel aus dem Rohr

Zutaten: 6 Fenchelknollen, 1 EL Butter, ca. 250 ml Gemüse- oder Geflügelbrühe, 2 EL Zitronensaft, Salz und Pfeffer, 75 g geriebener Parmesan

Backrohr auf 175 Grad vorheizen. Fenchelknollen putzen und der Länge nach halbieren. Etwas Blattgrün zum Garnieren aufheben.
Eine Auflaufform mit Butter ausstreichen. Die Fenchelhälften mit der gewölbten Seite nach oben in die Form legen. Die Brühe angießen, bis der Fenchel zur Hälfte davon bedeckt ist, und mit Zitronensaft, Salz und Pfeffer würzen.
Fenchel mit Alufolie abdecken und im vorgeheizten Rohr knapp 2 Stunden garen. Etwa 10 Minuten vor Ende der Garzeit die Alufolie abheben, den Fenchel mit Parmesan bestreuen und bei starker Oberhitze gratinieren. Aus dem Rohr nehmen, mit Fenchelgrün bestreuen und servieren.

Carciofi in agrodolce
Artischocken süßsauer

Zutaten: 1 kg Artischocken, Saft einer Zitrone, 4 EL Olivenöl, 1 EL Butter, 1 EL Mehl, 200 g Sahne, 1 EL Zucker, 2 EL Weißweinessig, 30 g Rosinen, 50 g Pinienkerne, Salz und Pfeffer

Artischocken putzen. Von den harten äußeren Blättern und dem haarigen Innenleben befreien. Die Böden und zarten Blätter sowie die geschälten Stiele in mundgerechte Stücke schneiden. In Zitronenwasser bissfest garen. Abgießen und abtropfen lassen.
Öl und Butter in einer Pfanne erhitzen.
Die Artischocken hineingeben und rundum andünsten. Mit Mehl überstäuben und mit Sahne übergießen.
Den Zucker in Essig auflösen und in die Artischockenpfanne rühren. Zum Schluss auch Rosinen und Pinienkerne hinzufügen.
Mit Salz und Pfeffer abschmecken und noch 2–3 Minuten durchköcheln lassen.
Warm servieren.

Zabaglione al Prosecco con pere
Proseccosabayon mit Birnen

Zutaten: 6 kleinere, feste Birnen,
8 EL Zucker, 60 g gehackte Walnusskerne,
60 g geschälte gehackte Mandeln
Für die Vanillecreme: 250 ml Milch,
1 Vanilleschote, 120 g Zucker, die abgeriebene Schale einer unbehandelten
Zitrone, 3 Eigelb, 20 g Mehl
Für die Sabayon: 4 Eigelb, 4 EL Zucker,
8 EL Prosecco

Birnen schälen, längs halbieren und das Kernhaus herauslösen. Birnenhälften mit 4 Esslöffeln Zucker in einen Topf geben. Etwas Wasser hinzugießen und die Birnen darin dünsten, bis sie zwar weich sind, aber noch ihre Form behalten. Auf Dessertschalen verteilen.
Für die Vanillecreme die Milch mit der Vanilleschote aufkochen lassen, vom Herd nehmen und 2 Esslöffel Zucker sowie die Zitronenschale einrühren. Die Vanilleschote wieder entfernen.
Eigelb mit dem restlichen Zucker zu einer dicken Creme aufschlagen. Das Mehl mit einem Schneebesen einrühren und dabei darauf achten, dass sich keine Klümpchen bilden.
Die Eimasse in einen Topf geben und ganz sanft erwärmen. Unter ständigem Rühren

nach und nach die heiße Milch hinzugießen und die Creme ein wenig eindicken lassen. Die Konsistenz hängt letzten Endes von Ihrem persönlichen Geschmack ab, für dieses Rezept sollte die Creme jedoch relativ flüssig bleiben. Die Creme über die Birnen gießen.
Walnüsse und Mandeln mit 4 Esslöffeln Zucker rasch in einer Pfanne rösten und über die Creme streuen.
Nun die Sabayon zubereiten. Eigelb in ein Töpfchen geben und mit dem Zucker zu einer hellen und dicken Creme aufschlagen. Nach und nach Prosecco einrühren und im Wasserbad bis zum Siedepunkt erwärmen. Sofort vom Herd ziehen und über die Birnen gießen. Erkalten lassen und vor dem Servieren 2–3 Stunden im Kühlschrank durchkühlen.

REZEPTVERZEICHNIS